Direct marketing per business tradizionali

in pillole

I segreti del mitico

Dan S. Kennedy

INDICE

PREFAZIONE

Ripensare il marketing e l'advertising

Gli imprenditori sono sempre più facilmente vittime della pubblicità: confusi, sopraffatti e bullizzati dalle agenzie e dai guru dell'adv.

Io sono qui per silenziare tutto questo vociare e offrire un po' di chiarezza attraverso una piccola lista di regole e strategie fondamentali.

Chi è il tuo modello?

Innanzitutto partiamo dall'idea che la maggior parte di tutta la pubblicità che vedi, specie quella delle grandi aziende, è sbagliata per una PMI.

Le grandi aziende hanno obiettivi e budget molto diversi di tuoi. È come se il coniglio copiasse il leone mettendosi bene in vista su una roccia a ruggire: quel coniglio farebbe ben presto una brutta fine.

Bisogna anche dire che, spesso, un'azienda più cresce e più diventa stupida perché aumentano le persone che spendono i soldi di qualcun altro.

Queste persone sono lontane dalla realtà e quindi sono più vulnerabili alla cialtroneria delle agenzie creative che sognano di diventare famose grazie alla loro "arte".

Molti negozianti oggi cercano di combattere Amazon aprendo uno shop online, semplicemente perché lo fanno tutti. Fanno sforzi enormi, si riempiono di costi e assottigliano i margini, ignorando il fatto che neanche Amazon ci guadagna dall'e-commerce. Amazon guadagna dalla pubblicità, le tariffe che pagano i venditori per usare la piattaforma, i servizi in cloud e tante altre cose che non hanno nulla a che fare con l'e-commerce.

Il fatto è che molti dei tuoi colleghi sono dei ciechi che guidano altri ciechi. La prova sta nel fatto che in ogni categoria, business o gruppo:

- l'1% crea una ricchezza enorme;

- il 4% guadagna molto bene;

- il15% guadagna abbastanza bene;

- il 60% tira a campare;

- il 20% è povero.

Dunque, la maggioranza dei tuoi colleghi continua a fare marketing nella maniera errata e, se ti permetti di contraddirli, a volte reagiscono in maniera violenta, perché stai mettendo in dubbio la loro filosofia, la loro esistenza.

Ricorda sempre che ogni critico ha la sua agenda, consapevole o meno.

Il grande spartiacque

Devi sapere che esistono due scuole di pensiero molto diverse.

Da un lato ci sono la maggior parte delle aziende, sposate con il loro marketing inefficace, brand-centrico e non misurabile. La maggior parte dei soldi li investono basandosi su fede, speranza ed ego.

Dall'altro lato ci siamo noi, i ribelli del direct marketing che, secondo il grande pubblicitario David Ogilvy, siamo "gli unici che sanno quello che fanno".

Noi sappiamo come produrre risultati, non brand awareness, followers ed altre metriche inutili. Per noi risultati vuol dire soldi!

Per noi il brand è un sottoprodotto del direct marketing, è incidentale alla crescita che produciamo, non può essere un costo iniziale.

CAPITOLO 1

Il grande reset

Partiamo subito col chiarire cosa intendo per business tradizionali e per business direct response.

I direct response puri sono tutti quei prodotti/servizi che vengono venduti attraverso posta, cataloghi o online (Amazon & Co.) e che utilizzano pubblicità molto dirette ed orientate alla vendita immediata.

I business tradizionali, invece, sono tutti gli altri: negozi, studi dentistici, supermercati, lavanderie, parrucchieri, studi di consulenza, ristoranti, ecc.

Questo libro è stato scritto esclusivamente per i proprietari di business tradizionali che servono un mercato locale con lo scopo di trasformare le proprie attività in macchine stampa soldi attraverso il direct marketing.

La maggior parte dei clienti che seguono i miei consigli con successo sono proprietari di business tradizionali, per questo dovresti seguire il loro esempio, non quello di grandi aziende quotate in borsa.

Per chiarire una volta per tutte la differenza di obiettivi tra te e una grande azienda li confrontiamo subito.

Obiettivi grande azienda

1. Compiacere il consiglio di amministrazione;

2. Compiacere gli azionisti;

3. Avere una certa reputazione a Wall Street;

4. Fare una buona impressione ai media;

5. Costruire brand identity;

6. Vincere premi pubblicitari;

7. Vendere qualcosa.

I tuoi obiettivi

1. Vendere qualcosa. Adesso.

Il triangolo di Kennedy

Il direct marketing si basa sul "triangolo dei risultati" e include: Messaggio, Mercato e Media. La buona notizia è che, anche se non capisci nulla di pubblicità, c'è una cosa che sai fare sicuramente molto bene e cioè vendere i tuoi prodotti o servizi.

Questo vuol dire che sei a conoscenza del Messaggio

ed è già un buon punto di partenza. Non ti preoccupare, sono concetti che approfondiremo in seguito.

I 10 comandamenti del direct marketing (da seguire alla lettera)

1. Ci sarà sempre una o più offerte;

2. Ci sarà una ragione per rispondere subito;

3. Darai istruzioni chiare;

4. Traccerai e misurerai con responsabilità;

5. Solo branding a costo zero;

6. Ci sarà sempre follow-up;

7. Ci sarà un copy forte;

8. Avrà l'aspetto della pubblicità per posta;

9. I risultati comandano;

10. Devi essere disciplinato e seguire una dieta strettamente a base di direct marketing.

Dico che devi seguirle alla lettera perché all'inizio è l'unico modo per liberarsi delle cattive abitudini. Man mano che sarai esperto, potrai modificarne qualcuna qui e là, ma all'inizio non te lo consiglio.

Una parola sui guru dei nuovi media e delle metriche fantasiose. Ti diranno che i nuovi media non funzionano come i vecchi. Stranamente queste persone non spendono mai i loro soldi per giocherellare con questi media, ma spendono i tuoi soldi senza tracciarne l'efficacia.

CAPITOLO 2

Un'offerta che non puoi rifiutare

Il direct marketing impone disciplina. Per qualche strana ragione gli imprenditori chiudono un occhio sui risultati della pubblicità e del marketing, mentre non lo fanno con nient'altro al mondo.

Solo i direct marketer sanno che bisogna sempre creare una nuova offerta per poterne tracciare i risultati e capire se ha funzionato o no.

Ricordi la regola n.1? Il tuo obiettivo è quello di incorporare una o più offerte dirette in ogni messaggio e in ogni occasione.

I due tipi di offerta

1. <u>Vendita diretta.</u> Riguarda i classici sconti che vediamo in giro. Questo tipo di offerta, però, ha degli aspetti negativi: incide sulla *price integrity* e sul profitto. Se usata troppo spesso, spinge le persone a comprare solo se

c'è uno sconto. Inoltre, si rivolge solo alle persone pronte a comprare adesso, escludendo tutti coloro che potrebbero essere interessati in futuro. Infine, può essere facilmente comparata con altre offerte, anche online, scatenando la spietata corsa al ribasso;

2. <u>Lead generation.</u> Offerta molto più interessante perché può ridurre lo spreco di soldi in pubblicità e offrire un'occasione per costruire fiducia e relazione con i prospect. Questa è un'offerta molto usata dai marketer a livello nazionale, ma per qualche strano motivo, poco usata dai piccoli business locali. Supponiamo che rinnovate bagni, per esempio, sarebbe molto più utile e semplice pubblicizzare una guida sugli errori da evitare nella ristrutturazione, catturando i dati ed educando il cliente, rispetto a offrire un preventivo gratuito a freddo.

Resistenza a varcare la soglia

Su quale soglia si trova la tua offerta? Qual è il costo "psicologico" della scelta del cliente, cosa crea frizione?

Pensa ad un preventivo gratuito per una ristrutturazione o una visita gratuita presso un dottore che non conosci o un appuntamento gratuito con un consulente. Il cliente, anche se non deve pagare nulla, si sente in soggezione perché non ti conosce, non ha confidenza.

Come abbassare questa resistenza a varcare la soglia? Con quello che io chiamo *"Information-first marketing"*. Ti faccio degli esempi:

- una scuola di karate, invece di offrire una lezione gratuita, creerà un report intitolato "Guida per genitori che vogliono proteggere i figli dal bullismo";

- se vendi materassi puoi creare una guida intitolata "Perché non riesci mai a dormire bene";

- il consulente IT, non promuove i suoi servizi, ma offre un libro gratuito "Come proteggersi dagli attacchi informatici".

L'approccio ibrido

Nessuno ti vieta di combinare le 2 cose, ad esempio creare un offerta con una soglia più alta (per i più decisi) accompagnata da una "information-first", dando più ragioni per rispondere al tuo annuncio. Puoi sperimentare e testare cosa funziona meglio per te.

Regola n.2: La ragione per rispondere subito

L'esitazione e la procrastinazione sono tra i comportamenti più comuni nella natura umana. Il costo nascosto e il fallimento della pubblicità sta nei cosiddetti "quasi convinti". Per questo motivo ci deve essere urgenza, una buona ragione per comprare subito.

La Soutwest Airlines ha trovato il modo di velocizzare il check-in dei passeggeri decidendo di non assegnare i posti. In questo modo le persone hanno fretta di salire per scegliere il posto migliore.

Lo scopo del direct marketing è trovare un motivo di urgenza: posti limitati, giorni limitati, ecc.

Il mio amico copywriter John Carlton definisce il cliente "un bradipo sonnambulo, steso sul divano col telefono fuori mano." La tua offerta deve essere talmente unica da fargli alzare il culo e prendere il telefono in mano!

CAPITOLO 3

Falli obbedire

Quante volte ci lamentiamo delle persone a noi care aspettandoci che ci leggano nel pensiero?

Quando vuoi che qualcuno faccia qualcosa, non basta dirlo una volta, bisogna ripetere, ricordare, rinforzare. Anche noi marketer e imprenditori dobbiamo farlo con i nostri clienti, chiarendo esattamente cosa vogliamo che facciano.

Regola 3: dai istruzioni chiare

La maggior parte delle persone riesce a seguire correttamente delle istruzioni e a fare quello che gli dicono: è ciò che ci insegnano da piccoli.

Spesso, l'errore di molti marketer sta nel dare istruzioni confuse o non darle per niente.

Le persone odiano l'ignoto, vogliono sapere esattamente cosa ci si aspetta da loro, gli step che devono intraprendere. Se sono confusi, non compreranno. Non dare mai niente per scontato.

Ad esempio, in un nostro test, è bastato

semplicemente cambiare il bottone "compra ora" in "clicca il bottone per comprare ora", per vedere un significativo aumento di vendite.

CAPITOLO 4

No agli scrocconi

Regola n.4: tracciare con responsabilità

Non permetterai più nessun investimento di marketing senza misurarne i risultati.

Ogni dollaro che spendi deve necessariamente moltiplicarsi o tradursi nei risultati prefissati. Non cedere mai su questo punto. E per risultati non intendo like, visualizzazioni e altre metriche inutili.

Devi farlo per 2 ragioni:

1. È l'unica strategia che funziona;

2. Hai bisogno di questi dati per prendere delle decisioni di marketing intelligenti.

Attenzione: i dipendenti possono essere un ostacolo al tracciamento, a volte per pigrizia o testardaggine. È normale che all'inizio ci sia un po' di resistenza, ma ne vale la pena.

Ti faccio un esempio. I dipendenti di una catena di

negozi molto pubblicizzata su vari media avevano il compito di chiedere ai clienti quale fosse stata la Ad che li aveva spinti ad andare in negozio. Il problema era che lo facevano controvoglia e i dati non erano accurati. Si decise allora di fare un cambiamento mettendo dei sondaggi all'ingresso con un concorso di estrazione a premi per chi li avesse compilati. I dati aumentarono e diventarono subito più accurati.

Regola n.5: branding gratis

Nel mio libro "Costruire un brand col direct response" c'è l'esempio pratico di come hanno fatto i proprietari di Iron Tribe Fitness. Hanno seguito tutte le regole del direct response, come il tracciamento, e hanno capito come costruire un brand attraverso le vendite.

Non sono contrario al branding e conosco l'importanza di avere un brand riconosciuto. Molti miei clienti hanno costruito brand potenti e anche io l'ho fatto con i miei business. Ma nessuno di noi ha costruito il brand pagando fior di quattrini, è stato semplicemente un sottoprodotto delle nostre vendite fatte col direct marketing.

Molti piccoli business e start-up non possono spendere per fare branding, per questo il mio consiglio è: spendi per vendere (pubblicità a risposta diretta) e riceverai anche un po' di branding. Non pagare mai per il branding sperando di vendere!

Infine, nessuno può garantirti che il tuo brand sia immortale, il cimitero dei brand ha sempre la fila. Ci puoi trovare Holiday Inn, Pontiac, Kodak e tanti altri che un tempo erano i leader di settore.

Pubblicità senza brand

In certi casi le pubblicità funzionano meglio senza nessun logo o brand. È il caso della classica pubblicità che vuole attirare l'attenzione su un tema spinoso o controverso. Metterci un logo o un nome ucciderebbe la potenza di questa pubblicità. Questa strategia funziona molto bene in campo finanziario.

Puoi sempre fare branding internamente con i clienti già acquisiti, mentre per i nuovi continui a fare pubblicità spoglie, senza brand.

CAPITOLO 5

Basta buchi nel secchio

Immagina il tuo business come se fosse un secchio nel quale ci metti idee, energia e soldi sperando di generare abbastanza profitti. Molti imprenditori si concentrano a mettere queste cose nel secchio, ma molto pochi si interessano di ciò che accade al suo interno.

Regola n. 6: fai follow-up

In molte aziende, spesso vedo più buchi che secchi. Ci sono clienti che:

1. leggono la tua pubblicità o ti trovano per caso;

2. vengono a trovarti in sede o visitano il sito;

3. chiedono qualcosa ai tuoi dipendenti.

E in tutto questo tempo nessuno si degna di prendere i loro dati, di fare loro un'offerta o di spedire loro qualcosa di gratuito. Questo è uno spreco criminale!

Come trovare un milione extra nella tua azienda

Chi non vorrebbe un milione in più di fatturato? La buona notizia è che è già all'interno del tuo business, la cattiva è che sta nel follow-up che non fai (i clienti mai ricontattati).

Molto spesso gli imprenditori si accontentano: ad esempio, spendono 1000$ di pubblicità per ricevere 50 chiamate, riescono ad ottenere 5 appuntamenti per poi chiudere solo 2 clienti. Se questi 2 clienti valgono 1.000$ l'uno, sono già contenti così (spendono 1.000 e ne guadagnano 2.000).

Non pensano che ogni chiamata è costata 20$ e 45 non si sono trasformate neanche in un appuntamento. In pratica, è una perdita di 900$!

Se, grazie al follow-up, si riuscissero a racimolare altri 5 appuntamenti (e 2 clienti effettivi) si potrebbero guadagnare altri 2.000$.

Se, poi, ogni cliente ne riferisce un altro, i 2.900$ prima sprecati diventerebbero 4.900, poi 6.900, poi 8.900 e poi 10.900. Se questo succede una volta al mese sono 109.000$ che dovresti intascare, ma escono fuori dai buchi del secchio. In 10 anni, fa esattamente 1 milione di dollari.

Potresti diventare milionario semplicemente tappando tutti questi buchi!

Il direct marketing non pensa mai solo ad acquisire un cliente tramite una vendita singola, quello che noi chiamiamo *"front end"*. La prima vendita deve servire per far partire un rapporto duraturo e ripetitivo nel tempo, portando gradualmente il cliente verso prodotti/servizi più costosi, il cosiddetto *"back end"*. Infine, si tratta di costruire un sistema che impedisca a *lead* e *prospect* di perdersi prima di diventare clienti.

Vediamo le falle più comuni:

1. La persona che telefona per chiedere informazioni e non viene più ricontattata;

2. Nessun *follow-up* a *lead* ottenuti durante fiere ed esposizioni;

3. Nessun *follow-up* sulle *referral*;

4. Nessun immediato *follow-up* o upsell sui nuovi clienti per farli diventare abituali;

5. Nessuna prevenzione o sforzo per evitare la perdita di clienti. L'indifferenza verso i clienti è la prima causa che porta i clienti ad andare altrove.

Com'è fatto il follow-up?

Il più comune ed affidabile è composto di 4 step, mischiando diversi media a basso costo o gratuiti. L'intero processo si può automatizzare, interessando più contatti allo stesso tempo.

Esempio: ci può essere un'email con un link ad un video. La visione del video farà partire una sequenza di email e delle telefonate. Chi non compra dopo tutto ciò, potrebbe ricevere un'altra serie di email differenti e un video diverso, magari cercando di rispondere alle obiezioni del cliente.

Step 1: Il rimpasto della stessa offerta

Se il *prospect* non ha comprato la tua offerta, cerca di renderla più appetibile: offri più informazioni e mostrati disponibile a rispondere alle domande. Fai capire che sta ricevendo questa comunicazione perché non ha comprato subito. Ripresenta l'offerta con una nuova scadenza.

Step 2: Fai il duro o il simpatico

In base alla tua personalità, puoi usare dei temi come "Ti sei perso?" "Sono preoccupato per il tuo fallimento..." "Non capisco cosa vuoi fare..." o altri temi che catturino l'attenzione e spingano il *prospect* quantomeno a spiegare perché non ha risposto.

Puoi ripresentare l'offerta, modificandola un po' e sottolineare la sua scadenza, magari offrendo una rateizzazione oppure un regalo aggiuntivo.

Step 3: Ultima occasione!

Questa è l'ultima notifica prima che l'offerta scada per sempre. Dev'essere molto drammatica ed enfatica su tutto ciò che potrebbero perdere non accettando.

Step 4: Cambia l'offerta

A volte puoi facilmente cambiare l'offerta, offrendo una dilazione di pagamento, un bonus diverso, ecc.

Altre volte, i prospect ti stanno semplicemente dicendo che non vogliono la tua soluzione al loro problema o desiderio. Questo non vuol dire che il problema o desiderio sia sparito.

Esempio: Mary ha risposto alla tua Ad perché vuole perdere peso, tu le hai offerto un allenamento in palestra e lei non ha accettato. Magari potrebbe accettare degli integratori, una dieta o delle panciere rimodellanti.

CAPITOLO 6

Gridare più forte

Ormai, siamo immuni al rumore, diventa quindi sempre più difficile gridare più forte degli altri per farsi ascoltare. Infine, oltre ad urlare, bisogna anche avere qualcosa di interessante da dire.

Regola n.7: ci sarà un copy forte

Molti imprenditori cercano di gridare più forte spendendo più soldi, comprando spazi pubblicitari più grandi o utilizzando testimonial famosi.

Il problema è che non basta urlare per vendere, bisogna conoscere le tecniche di vendita e molti imprenditori le ignorano totalmente o le rifuggono.

Mi ritrovo spesso a fornire supporto emotivo ai miei clienti perché hanno delle credenze difficili da sradicare e alimentate dall'ego: pensano che i loro clienti siano più sofisticati e che non risponderanno a toni sensazionalistici oppure hanno semplicemente paura di quello che le persone (amici, familiari, colleghi) penseranno di loro.

Bisogna capire che, in questo ambiente, tutto ciò che è ordinario e normale viene ignorato; i messaggi cauti e calmi passano inosservati.

Come ho già detto, però, non basta urlare e attirare l'attenzione, bisogna comunicare un messaggio rilevante per il pubblico di riferimento e che sia in grado di costruire autorità.

Dunque, il mio consiglio è di non farsi intimidire dalla disapprovazione degli altri, a patto che le nostre pubblicità funzionino e ci portino clienti e fatturato. Le uniche regole da rispettare sono quelle dei media sui quali ci appoggiamo per evitare di essere bannati.

I 3 errori del copy inefficace

La maggior parte dei direct marketer e copywriter a risposta diretta sanno che bisogna partire dagli interessi, le frustrazioni, le paure e i desideri dei clienti arrivando solo successivamente ad una soluzione legata al prodotto/servizio.

Tutti i messaggi inefficaci invece commettono questi 4 errori:

1. Ignorare la psiche del cliente. Parlano solo dell'azienda, dei prodotti o servizi, delle caratteristiche e dei benefici, prezzi e garanzie;

2. Scrittura fredda e impersonale. Bisogna essere emotivi, entusiasti e conversare come se parlassimo ad un amico;

3. Affermazioni caute. Prendi una pubblicità su

un corso da golf, è più efficace dire "impari a correggere il tiro e andare più lontano" oppure "impari a tirare più dritto e lontano di quanto non abbia mai fatto in vita tua"? Ricorda: i venditori timidi hanno figli affamati.

Se insisti a spendere più soldi per far circolare un messaggio inefficace fai solo danni al tuo portafoglio e alla tua reputazione.

Il punto è che tutti hanno bisogno di un copy forte che sia in grado di vendere ed è molto probabile che debba imparare a scriverlo tu perché i bravi copywriter a risposta diretta costano molto, spesso troppo per un piccolo business.

CAPITOLO 7

L'estetica

Gli imprenditori adorano le pubblicità belle e raffinate. Vogliono rendere i loro messaggi eleganti e quindi sono spesso vittime facili per le agenzie creative. Il loro ego non si cura dei risultati, ma solo di gonfiare il petto di orgoglio.

Noi, i direct marketer, preferiamo gli abiti da lavoro. Non abbiamo bisogno dell'approvazione degli snob, vestiamo il nostro marketing con abiti comodi che permettano di raggiungere gli obiettivi prefissati.

Regola n.8: Avrà l'aspetto della pubblicità per posta

Quello che sto per dire scioccherà molti imprenditori. Se hai la forza di abbandonare il pregiudizio, guadagnerai molti soldi.

Basta ignorare tutto ciò che fanno gli altri e seguire le semplici linee guida che ti fornirò.

La classica pubblicità per posta ha l'aspetto di un articolo di giornale: un titolo, sottotitolo, 2 o 4 colonne di testo e talvolta qualche immagine.

Solitamente, il primo quarto include titolo e sottotitolo, nel mezzo troviamo la presentazione del prodotto/servizio (talvolta con testimonial). Infine, troviamo l'offerta e le istruzioni per rispondere, spesso con un coupon.

Un'altra alternativa valida è l'*advertorial*, un po' più camuffata di quella appena descritta, che fonde un vero articolo editoriale con la promozione di un prodotto/servizio.

Stop. Fine. Il resto non conta.

Ti dico già che molti crederanno che tu sia pazzo, ma ti assicuro che vedrai molti più risultati rispetto a copiare ciecamente le belle pubblicità degli altri. È un metodo consolidato che ha reso milionarie molte persone, tra cui me e moltissimi miei clienti.

Ndr Se hai bisogno di ispirazione, con ad reali che funzionano, puoi visitare il sito www.swiped.co.

CAPITOLO 8

Soldi in banca

Se fai impresa, il tuo obiettivo primario dev'essere guadagnare, punto. Prima accetti questa semplice verità e prima avrai successo.

Regola n.9: contano solo i risultati

Ti faccio un esempio. Se paghi 20$ per il lavaggio della tua macchina, ti aspetti che la tua macchina sia pulita, altrimenti non paghi.

Perché questo semplice concetto non si applica anche all'advertising? Devi convincerti che le opinioni non contano, neanche le tue, contano solo i risultati.

Una delle cose più belle del direct response è che si possono fare gli A/B test, con due versioni leggermente diverse della stessa ad, per vedere quale performa meglio. Si possono cambiare le immagini, i colori, il titolo, lunghezza del copy, ecc.

Misurando i dati, avrai la certezza di cosa funziona e di cosa no e seppellirai una volta per tutte le opinioni!

Ora ti spiego per l'ultima volta perché le tue opinioni o quelle dei tuoi amici/parenti/colleghi non contano.

Non siete voi a pagare per i servizi della tua azienda, sono i tuoi clienti gli unici che contano. Se loro rispondono alle tue ad e comprano, hai il dovere di ignorare qualsiasi altra opinione!

Il mondo è pieno di persone che vogliono risultati ma che non sono disposti a fare ciò che è necessario per ottenerli. Questo atteggiamento è ciò che separa i vincitori dai perdenti. Da che parte stai?

CAPITOLO 9

Il potere della disciplina

Quando avrai finito di leggere questo libro saprai cosa va fatto, la domanda è: avrai il coraggio di farlo?

Regola n.10: devi essere disciplinato e fare solo direct marketing

C'è quel dipendente sfaticato che non hai la forza di licenziare, c'è la pubblicità inutile che non hai la forza di stoppare, quel sito che non serve a niente ma non hai la voglia di rifare. Allora lasci tutto così com'è.

Se non hai la voglia di vincere, quel desiderio che ti brucia dentro, se non hai la forza di fare tutto ciò che è necessario, non ce la farai mai.

Devi fregartene delle critiche, fare investimenti ragionati, essere disciplinato nell'esecuzione e determinato a farcela:

1. Liberati della spazzatura. Elimina tutto ciò che non produce risultati o che non ti permette di tracciarli: brochure, pubblicità, media, dipendenti fannulloni;

2. Crea un nuovo piano marketing. Semplice,

con poche regole da seguire e obiettivi chiari e scrivilo su carta;

3. <u>Scegli nuovi tool.</u> Nuove pubblicità, sito, sequenze email, software, dischi di vendita, ecc;

4. <u>Inizia a misurare tutti i dati.</u> Tutto deve essere misurato: giornalmente, settimanalmente, mensilmente, annualmente. Solo così puoi migliorare.

5. <u>Esercitati.</u> Dedica un tempo sufficiente a studiare, ragionare e migliorare costantemente il tuo marketing;

6. <u>Diffida da chi ti vuole ostacolare.</u> Chiunque voglia dissuaderti dai tuoi obiettivi o cerchi di modificare le regole del direct marketing è un pericolo per la sopravvivenza del tuo business, non ascoltarli.

Lista basilare dei tool di direct marketing

Front end/acquisizione clienti:

- Lead magnet. Libri, report gratuiti, video;

- Siti web. Creati apposta per catturare i dati dei clienti;

- Sales letter;

- Sequenze di follow-up per chi non compra;

- Dischi di vendita per chiamate in arrivo che

catturino i dati per fare follow-up.

Back end/mantenimento e ascensione cliente:

- Sequenze online e offline. Ad esempio per fare up-sell e cross-sell;

- Promozioni stagionali;

- Newsletter;

- Campagne referral;

- Riattivazione clienti inattivi o persi;

- Cataloghi online e offline.

CAPITOLO 10

Il triangolo dei risultati

Ci sono 3 componenti alla base di ogni strategia di marketing, in ogni settore e per qualsiasi prodotto/servizio:

1. Il messaggio di marketing;

2. Il media per promuoverlo;

3. Il mercato che risponde all'annuncio.

Questi 3 elementi sono tutti fondamentali ed è necessario che siano tutti corretti per far funzionare il tuo marketing. Basta sbagliarne uno per fallire.

Il mercato

Chi stai cercando di attirare? A chi ti rivolgi? Solo conoscendo bene chi è il tuo mercato puoi scegliere il messaggio e il media corretto.

Sembra ovvio, eppure la maggior parte del marketing che vedo in giro è focalizzato sempre sul prodotto, non sul cliente e tende ad essere sempre molto generico per cercare di attirare più clienti, fallendo.

Molti imprenditori non sanno descrivere chi sono i loro clienti ideali o attuali.

Ti faccio un esempio di un mio cliente: il suo servizio consiste nel trovare mogli straniere a uomini americani delusi da precedenti relazioni, aiutando anche con le pratiche di immigrazione. Quando gli ho chiesto chi fossero i suoi clienti mi ha risposto: tutti. Ma quando gli ho chiesto chi fossero i suoi migliori clienti non ha saputo darmi una risposta. Investigando, è venuto fuori che la metà dei suoi clienti erano i camionisti divorziati.

Come usare le informazioni

Ora che lui sa chi è il suo cliente ideale può, ad esempio, decidere di fare pubblicità negli autogrill o su giornali e riviste lette dai camionisti, invece che su giornali generalisti come USA Today. Quindi sceglierà il giusto media.

Poi, invece di messaggi generici potrà rivolgersi direttamente al pubblico dei camionisti, parlando la loro lingua e rispondendo ai loro problemi specifici e usando come testimonial altri camionisti. Ecco che ha trovato anche il giusto messaggio. Il triangolo è completo.

Se hai un nuovo business prova a ragionarci su e analizzare i competitor oppure inizia con le tue preferenze personali. In ogni caso, non cercare mai di attirare tutti.

Se non hai voglia di selezionare e discriminare in

modo smart avrai questi problemi:

1. sarai uguale a tanti altri;

2. non potrai guadagnare più della media;

3. sarai considerato una *commodity*, sarai esposto alla competizione e alla corsa al ribasso.

Il messaggio

Su questo punto è importante capire che:

1. I tuoi clienti e *prospect* sono sommersi dalle comunicazioni della concorrenza e non solo, che competono per la loro attenzione e i loro soldi;

2. La maggior parte delle comunicazioni fallisce miseramente, con tassi di conversione inferiori all'1%. Chi usa il direct marketing invece vede tassi decisamente migliori, mediamente dal 200 al 500%, ma anche più alti;

3. Le comunicazioni su prodotti e servizi interessano più te che i tuoi clienti;

4. Le persone leggono quello che interessa loro e quindi devi fornire informazioni interessanti/scioccanti/segrete per poi successivamente collegarle al tuo prodotto/servizio.

Tornando al concetto di *information-first marketing*, l'ho coniato proprio per differenziarlo da tutti gli altri tipi di advertising. Per capire bene che tipo di informazione offrire, c'è un principio basilare: scegli l'esca giusta per la tua preda.

Una volta che sai chi è la preda che vuoi attirare (il mercato) puoi scegliere la giusta esca. Per esca si intende ovviamente il messaggio, ma anche ciò che offri per invogliare a rispondere (un report, un regalo, un servizio gratuito, ecc.).

Le ragioni degli scarsi risultati di molti imprenditori sono:

- Mancanza di un'esca (branding classico);

- Esca scadente (noiosa) Ad esempio, un report "Guida alle tasse sugli immobili" che potrebbe essere migliorato in "Come fregare l'Agenzia delle Entrate ed evitare legalmente le tasse sugli immobili";

- Esca sbagliata. Ad esempio una guida sulle tasse immobiliari a chi non possiede ancora una casa (giovani coppie).

Infine, c'è il concetto di allineamento ta il messaggio e il mercato. Per rendere magnetico il messaggio bisognerebbe creare una brochure/Ad/catalogo specifici per ogni segmento di clientela, non uno strumento uguale per tutti, altrimenti il messaggio diventerà generico.

I Media

La lista di media (online e offline) è infinita. Alcuni nascono e muoiono in poco tempo, altri durano negli anni. Cercare di essere su tutti i media possibili, senza contare quali portano dei veri risultati, non è fattibile. Rischieresti di sprecare tempo e soldi inutilmente.

Come scegliere i media giusti? Ha sempre a che fare con chi stai cercando di raggiungere (mercato) e le sue abitudini. Una cosa è certa, se il media che hai scelto non ti permette di misurarne l'efficacia, dovresti evitarlo.

Anche qui le opinioni tue e della gente intorno a te sui trend e la morte di alcuni strumenti lasciano il tempo che trovano.

Il tuo compito è trovare ciò che funziona per i tuoi clienti e cercare di non essere dipendente al 100% da una sola piattaforma, specie se si tratta di social o piattaforme private che ti possono bannare e cacciare da un momento all'altro.

CAPITOLO 11

Sito web direct response

Il direct marketing non è una moda o un approccio valido solo in alcuni campi e con determinati media.

È un metodo che si basa su concetti immutabili della natura umana e della psicologia, quindi è applicabile anche online, a qualsiasi media.

In questo capitolo parleremo di come creare un sito web che, da una semplice brochure ,si trasformerà in una macchina da soldi che converte i visitatori in clienti.

Differenza con gli altri siti web

La maggior parte dei siti che esamino, sono belli e gli imprenditori sono orgogliosi di mostrarceli, anche perché spesso per realizzarli hanno speso molti soldi. Quando chiedo quante visualizzazioni di pagina hanno o quanti lead riescono ad ottenere dal sito, non mi sanno rispondere.

I giorni in cui un sito web poteva semplicemente

essere una bella vetrina sono finiti.

Bisogna spingere i visitatori a compiere un'azione e non una qualsiasi, ma quella che noi vogliamo. In pratica il tuo sito deve essere il tuo venditore h24.

Questo è ancora più importante se ci stai mandando traffico a pagamento con Google Ads o le pubblicità sui social.

Vediamo quali sono le 8 regole per un sito direct response:

1. Avere una USP (*Unique selling proposition*);
2. Offrire un Lead Magnet;
3. Costruire un sistema per catturare le email;
4. Impostare una sequenza di email di follow-up;
5. Usare immagini e video rilevanti;
6. Includere testimonial e recensioni;
7. Essere Mobile friendly;
8. Mandare le persone sul sito usando i social e il marketing offline

Per trovare la tua USP devi considerare i veri benefici che offri ai tuoi clienti e sintetizzarli in una frase che faccia capire perché dovrebbero acquistare da te. Non sto parlando di "prezzi bassi" o "alta qualità", sii specifico! L'USP dovrebbe generare una reazione tipo "Wow, davvero? Com'è possibile?", insomma deve incuriosire.

Deve esserci una CTA (*Call to Action*) che generi lead o vendite: completare un form, registrarsi alla newsletter, un coupon, guardare un webinar, richiedere un report, ecc.

Cerca di offrire varietà: la sales letter per chi preferisce leggere, il video per chi ama i video, i dati per chi ama le statistiche, ecc.

Il copy del sito dev'essere incentrato sul cliente, non su di te e la tua azienda. Controlla regolarmente quante persone visitano il sito e quante lasciano i loro dati.

Follow-up

Un altro aspetto critico di molti siti è che non hanno un sistema per rimanere regolarmente in contatto con i clienti, ma questa è l'unica via verso la costruzione di una relazione duratura e per rimanere nella mente dei clienti. Sono sempre soldi ben spesi.

Queste email non devono però essere noiose, ma interessanti, divertenti, devono creare una community.

Due o tre volte l'anno crea dei concorsi e annuncia i vincitori via mail, questo aumenterà l'interazione e i tassi di apertura.

Recensioni e testimonial

Includi sempre delle recensioni o testimonianze di

clienti soddisfatti all'interno del tuo sito, quello che dicono gli altri sul tuo conto è sempre più credibile rispetto a dirlo tu in prima persona.

Possono essere scritte o in forma di video e più sono articolate e specifiche, più saranno credibili, specie se il cliente può identificarsi nei problemi e nelle storie dei testimonial.

CAPITOLO 12

L'importanza del funnel

Come imprenditore, il tuo compito è quello di acquisire nuovi *prospect* (o *lead*).

Poi, devi convertire i *lead* in clienti, farli acquistare più volte e, infine, permettere loro di riferire nuovi clienti.

Per questi motivi hai bisogno di un *funnel* di vendita, che in pratica ti permette di:

- aumentare il fatturato;

- migliorare il tasso di conversione;

- prevedere il volume delle vendite;

- identificare prodotti/servizi che non si vendono facilmente.

Il *funnel* inizia quando qualcuno dimostra interesse verso il tuo prodotto/servizio e porta il cliente attraverso una serie di step che mirano a convertire il più possibile.

Le conversioni possono essere di diverso tipo: scaricare un documento, guardare un video o fare un acquisto.

I migliori funnel tengono conto della diversità dei clienti e offrono una personalizzazione di offerte, bonus, upsell, downsell, ecc. In questo modo si massimizzano i profitti per tutte le tipologie di clienti.

Pensa al funnel come ad un albero con tanti rami e diversi tipi di mele (prodotti/servizi). Devi offrire il maggior numero di opzioni per più clienti possibile. Se si accontentano del ramo più basso per cogliere una mela verde, va bene così. Se vogliono salire un po' più in alto e raccogliere delle belle mele dorate, devi permetterglielo.

Come fare a suscitare la voglia di scalare l'albero? Prima di tutto ci vuole qualcosa di gratuito o con un prezzo molto basso. In questo modo i clienti sono contenti di ricevere qualcosa da te senza particolari sacrifici. Tu sei contento perché hai iniziato a stabilire una relazione e hai mostrato il tuo valore potenziale.

Non tutti, però, amano seguire gradualmente la scalata, ci sono quelli che appena decidono che li puoi aiutare, vogliono saltare subito alla soluzione più costosa, senza perdere tempo. Per questo, il funnel deve sempre contenere delle scorciatoie, in ogni step del percorso.

Un'altra cosa molto importante è la facilità di acquisto: in ogni step ci dev'essere un link per acquistare facilmente il prodotto/servizio. Quando il cliente è pronto a comprare, devi essere subito disponibile.

Come costruire un funnel

Ora che sai perché serve un funnel, vediamo come realizzarlo. Quelli basati su un prodotto includono spesso 2 azioni: aggiungi al carrello e checkout.

I funnel possono essere più semplici o più complicati; all'inizio meglio partire con uno semplice per poi aggiungere elementi man mano che crescono le tue competenze.

Creare una semplice landing page con un opt-in, thank you page e un link per un auto-responder richiede meno di mezz'ora.

Prima di tutto pensa a cosa puoi offrire gratis, è importante scegliere qualcosa di pertinente per il tuo cliente ideale perché l'obiettivo è sempre quello di farlo diventare un cliente abituale, ricorsivo.

Vediamo un funnel step by step:

1. La prima pagina è chiamata *Headline Page*. Contiene la tua offerta, magari un video breve (2-3 minuti) e richiede solo nome e email del cliente.

2. L'incredibile regalo gratuito dovrebbe essere rilevante per la tua offerta principale e porre le basi per una relazione duratura con il cliente. Chi fa opt-in riceverà la conferma che il suo regalo è in arrivo e, nel frattempo, è invitato ad approfondire con ulteriori contenuti correlati, ovvero la seconda pagina del funnel.

3. Questa seconda pagina può avere un video più lungo e uno sconto interessante per il tuo prodotto/servizio correlato (-50%). Per usufruire di questo sconto il cliente deve inserire altri dati (indirizzo, telefono, carta di credito...). Subito dopo aver inserito i dati si propone il primo upsell, un'offerta correlata a quella precedente, con uno sconto su un altro prodotto/servizio correlato. L'upsell può essere corredato da una sales letter o da un altro video e dovrebbe essere un'offerta unica e irripetibile. In questo caso devi stare attento a mantenere la parola data perché il cliente capirà che fai sul serio e, se non l'ha già fatto, la prossima volta accetterà subito l'offerta al primo colpo. Il funnel, in pratica, educa i clienti al modo in cui fai affari. Più comprano da te, più si abituano a farlo in futuro.

4. Tutte le azioni devono confluire in una *Thank you Page,* è molto importante sia per ringraziare i clienti che per tracciare i risultati delle varie azioni.

5. Cosa succede se il cliente non compie l'azione richiesta? Inizia a ricevere una sequenza di email relative all'argomento dell'azione che non ha compiuto, che mirano ad istruirlo e chiarire i dubbi per convincerlo ad agire.

Molto spesso c'è la concezione sbagliata che, se il cliente non compra, sia una questione di prezzo. Quasi mai è così.

È molto più comune che il tipo di bonus, offerta o prodotto sia proprio sbagliato. Se non comprano vuol dire che non sono interessati, punto.

La soluzione è cambiare spesso i prodotti, modificare i servizi e testare quali riscuotono più successo tra i clienti.

Un'altra paura infondata è questa: non voler mandare troppe email per paura di dar fastidio agli iscritti. Ricorda sempre che chi si iscrive e rimane all'interno del tuo funnel è una persona in target con il tuo prodotto/servizio. Più offerte, più informazioni e più valore offri, più avrai chance di vendere.

Se vuoi costruire un funnel, ma non sei una persona tecnologica, non preoccuparti, ci sono molti professionisti specializzati nella creazione di funnel per ogni tipo di azienda.

Note

Questa sintesi di *"Direct marketing for non-direct marketing businesses"* è stata attentamente curata per diffondere i principi del Kennedy pensiero in italiano. Fa parte della famosissima collana di libri *"No B.S."* (traducibile come "No fuffa") creata da Dan Kennedy.

Dan Kennedy è uno dei più influenti e importanti protagonisti del marketing a risposta diretta e, purtroppo, i suoi libri sono disponibili solo in lingua inglese.

Sebbene questa sia una versione estremamente sintetica e priva delle immagini originali, siamo convinti che possa funzionare da trampolino di lancio per coloro che non conoscono bene l'inglese, ma che desiderano approfondire e applicare il suo pensiero.

Lo scopo di questa sintesi è puramente divulgativo, non vogliamo in nessun modo sostituirla al libro originale di Dan Kennedy (acquistabile su Amazon dal QR code).

Il team di Concentrato Edizioni